Klasse 5-8

Stefanie Kraus

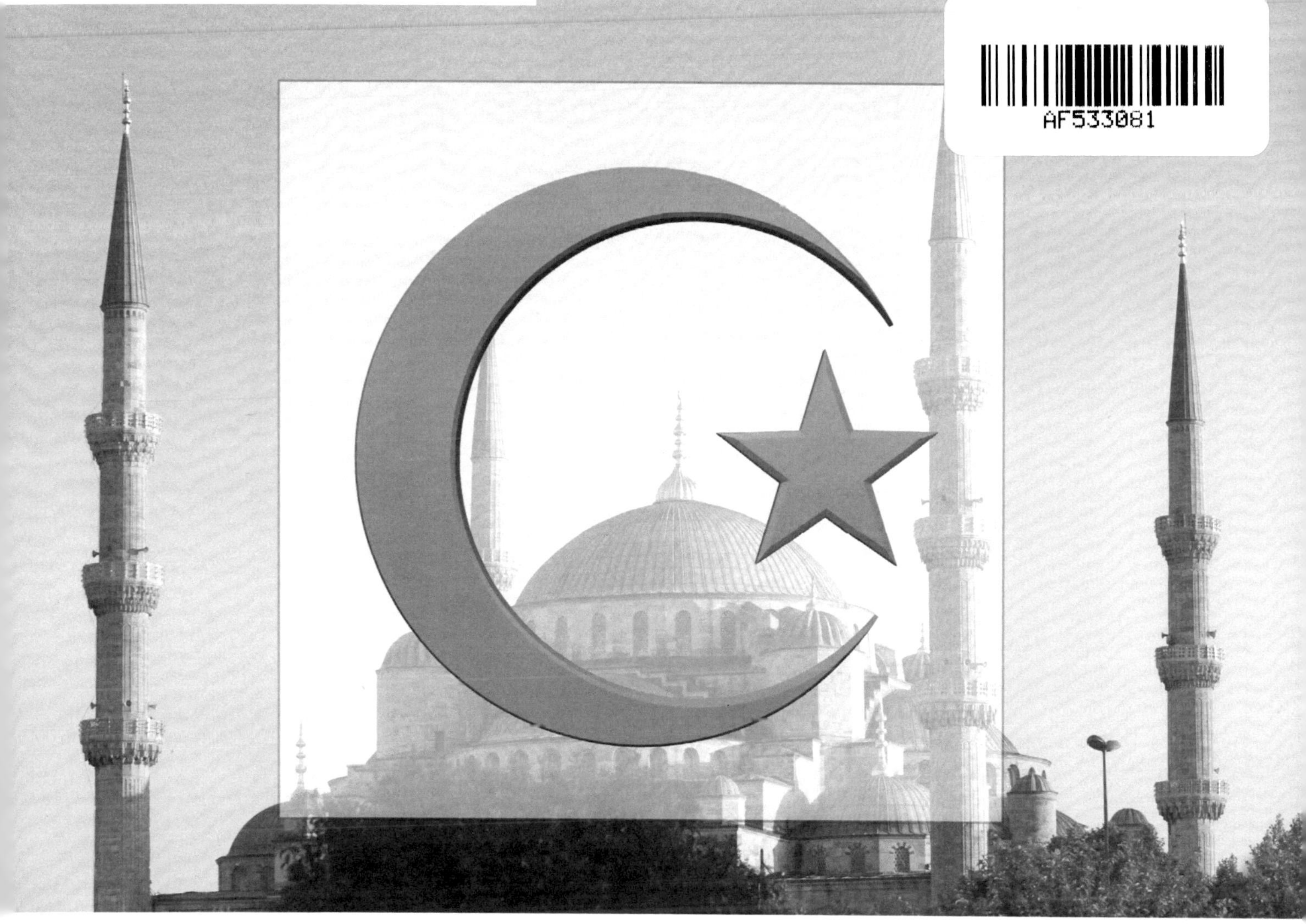

Lernwerkstatt
Den Islam kennenlernen

Geschichte • Glauben • Feste • Bräuche

Weltreligion einfach erklärt!

Lernwerkstatt
Den Islam kennenlernen

8. Auflage 2025

Inhalt: Stefanie Kraus
Umschlagbilder: © Jan Schuler & Piotr Pavinski - AdobeStock.com
Redaktion: Kohl-Verlag
Grafik & Satz: Eva-Maria Noack/Kohl-Verlag
Druck: Druckerei Flock, Köln

Bestell-Nr. 11 258

ISBN: 978-3-86632-498-5

Kontakt: Kohl-Verlag, An der Brennerei 37-45, 50170 Kerpen
Tel: +49 2275 331610, Mail: info@kohlverlag.de

Unsere Lizenzmodelle

Der vorliegende Band ist eine Print-Einzellizenz

Sie wollen unsere Kopiervorlagen auch digital nutzen? Kein Problem – fast das gesamte KOHL-Sortiment ist auch sofort als PDF-Download erhältlich! Wir haben verschiedene Lizenzmodelle zur Auswahl:

	Print-Version	PDF-Einzellizenz	PDF-Schullizenz	Kombipaket Print & PDF-Einzellizenz	Kombipaket Print & PDF-Schullizenz
Unbefristete Nutzung der Materialien	x	x	x	x	x
Vervielfältigung, Weitergabe und Einsatz der Materialien im eigenen Unterricht	x	x	x	x	x
Nutzung der Materialien durch alle Lehrkräfte des Kollegiums an der lizensierten Schule			x		x
Einstellen des Materials im Intranet oder Schulserver der Institution			x		x

Die erweiterten Lizenzmodelle zu diesem Titel sind jederzeit im Online-Shop unter www.kohlverlag.de erhältlich.

Inhalt

Lernwerkstatt DEN ISLAM KENNENLERNEN – Bestell-Nr. 11 258
KOHL VERLAG

Vorwort & methodisch-didaktische Hinweise

Liebe Kolleginnen und Kollegen,

der vorliegende Band „Den Islam kennen lernen“ beschäftigt sich intensiv mit einer der fünf großen Weltreligionen. Aber was berechtigt eine Religion zur Weltreligion?

Religionswissenschaftler aus den unterschiedlichsten Kulturen beschäftigen sich seit Jahren mit dem Thema „Weltreligionen“. Sie versuchen zu erklären, woran man eine Weltreligion erkennt und warum gerade diese Religion in ihren Augen zu einer Weltreligion zählt.

Sicher ist, dass es bis heute in den unterschiedlichsten Kulturen und religiös geprägten Gegenden keine einheitliche Definition über die Merkmale einer Weltreligion gibt.

Das ist nachvollziehbar, denn was genau sind nun die Eckpunkte, die eine Weltreligion ausmachen bzw. eine Religion berechtigt, sich als Weltreligion zu sehen? Bestimmt hierbei die Menge der Anhänger, der geschichtliche Hintergrund, das Alter der jeweiligen Religion, die flächendeckende Verbreitung, die grundlegenden Schriftstücke oder die endzeitliche Erlösung, sich den Stempel „Weltreligion“ zu verleihen?

Sicher haben einige der genannten Punkte genug Gewicht, um für eine wichtige Religion in dieser Welt zu stehen. Aber vielleicht ist es heute auch sinnvoller, von den häufigsten „Religionen der Welt“ zu sprechen, denn durch unsere Globalisierung ist es nicht mehr möglich, sie nur auf eine bestimmte Gegend oder ein bis zwei Kontinente zu begrenzen.

Die verschiedenen Religionen sind immer häufiger nebeneinander und in den unterschiedlichsten Orten der Welt zu finden. So wie sich unsere Kulturen immer mehr vermischen, vermischen sich auch die Religionen bzw. leben immer mehr Anhänger unterschiedlichster Religionen Tür an Tür.

Gerade die enge Nachbarschaft und die stärker werdende Globalisierung macht es immer wichtiger, dass wir uns selbst und vor allem auch unsere Kinder dafür sensibilisieren, sich auch in den unterschiedlichsten Religionen gegenseitig zu akzeptieren. Diese Akzeptanz kann nur entstehen, wenn man ein entsprechendes Grundwissen über die jeweilige Religion hat.

Viele Missverständnisse entstehen durch Unkenntnis. Unkenntnis und das sich Verschließen vor Unbekanntem kann sogar zu Kriegen führen! Sicher soll man nicht seine eigene Identität unterdrücken oder gar verleugnen, sich nicht unbedingt ändern, aber der Versuch, Neues zu kennen und verstehen zu lernen, bringt das gemeinsame Miteinander zum Erfolg. Gerade in unserer sich wandelnden Kultur, in der Wirtschaft und Gesellschaft sich immer schneller drehen, müssen Kinder und Jugendliche offen für die Welt sein.

Deshalb ist es sicher nie verkehrt, sie im eigenen Glauben zu bestärken und trotzdem Grundlagen für das Verstehen anderer Kulturen zu schaffen.

Alle weltlichen Kulturen sind bis zu einem gewissen Grad von der jeweilig vorherrschenden Religion geprägt. Dies zeigt sich vor allem auch in den Riten, Festen und den jeweiligen Bräuchen.

Vorwort & methodisch-didaktische Hinweise

Die vorliegenden Kopiervorlagen zum Islam sollen Grundkenntnisse für diese Religion schaffen und uns manche Dinge verständlich machen.

Sicher begegnen uns Traditionen und Geschichten, die unvorstellbar erscheinen, aber Wissen öffnet Horizonte!

Das vorliegende Material ist in drei große Bereiche unterteilt. Sie können die unterschiedlichsten Sozialformen zur Erarbeitung anwenden. Die umfangreichen Lösungen erlauben von Einzel- bis zu Gruppenarbeit die verschiedensten Vorgehensweisen. So ist es möglich, auch einzelne Bereiche (aus Zeitmangel oder sonstigen Gründen) wegzulassen oder nur einen Bereich, wie z. B. die Feste der Religion, herauszunehmen und beispielsweise mit einer anderen Religion vergleichen zu lassen. Die Möglichkeiten sind vielfältig.

Auch eine komplette Gruppenerarbeitung ist möglich. Die Klasse wird in drei Großgruppen aufgeteilt und jeder Gruppe nur ein Teil der Religion zugeteilt. Diese können ihren Bereich erarbeiten und zur Präsentation für die anderen Klassenmitglieder aufbereiten. So wird intensiv miteinander gelernt, aber auch Verantwortung vermittelt, da die Klassenkameraden nur durch die Präsentation der anderen etwas erlernen.

Ich wünsche Ihnen ein erfolgreiches und motivierendes Arbeiten mit den vorliegenden Kopiervorlagen! Ihre

Stefanie Kraus

Übrigens: Mit Schülern bzw. Lehrern sind im ganzen Band selbstverständlich auch die Schülerinnen und Lehrerinnen gemeint.

Bedeutung der Symbole:

Einzelarbeit

Partnerarbeit

Arbeiten in kleinen Gruppen

Arbeiten mit der ganzen Gruppe

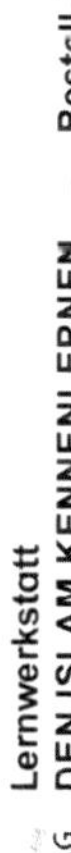

Allgemeine Informationen

Der Islam ist mit etwa 1,2 Milliarden Anhängern die zweitgrößte Weltreligion. Die Menschen, die zum Islam gehören, bezeichnen sich als Muslim (weiblich: Muslima) oder Moslem. Muslime leben überwiegend im Nahen Osten, in den Ländern wie Iran, Irak Türkei und Pakistan, in Nordafrika und auf einigen Inselgruppen in Südostasien.
Die Muslime glauben an „Allah", der der Schöpfer aller Dinge ist. Sie glauben ebenfalls an die Einheit Gott, die Propheten („Gesandten"), die heiligen Bücher, die Engel, an den Jüngsten Tag und die Auferstehung und den freien Willen sowie die Vorherbestimmung. Das Wort „Allah" ist arabischen Ursprungs und bedeutet „Gott". Der Islam gründet sich auf den Propheten Mohammed. Die Muslime glauben, dass Mohammed durch den Engel Gabriel Offenbarungen von Allah empfing und den Islam so zu den Menschen brachte.
Islam ist ein arabisches Wort und bedeutet einerseits „völlige Unterwerfung unter den Willen Gottes" und andererseits auch „Frieden mit Allah, den Mitmenschen und mit sich selbst". Der Islam soll als Religion die Menschen auf der Erde und im Jenseits zum Glück und zur inneren Ruhe führen. Das heilige Buch der Muslime ist der „Koran" (auch Qur'an genannt).

Aufgabe 1: *Notiert alle Stichwörter, die euch zum Thema „Islam" einfallen.*

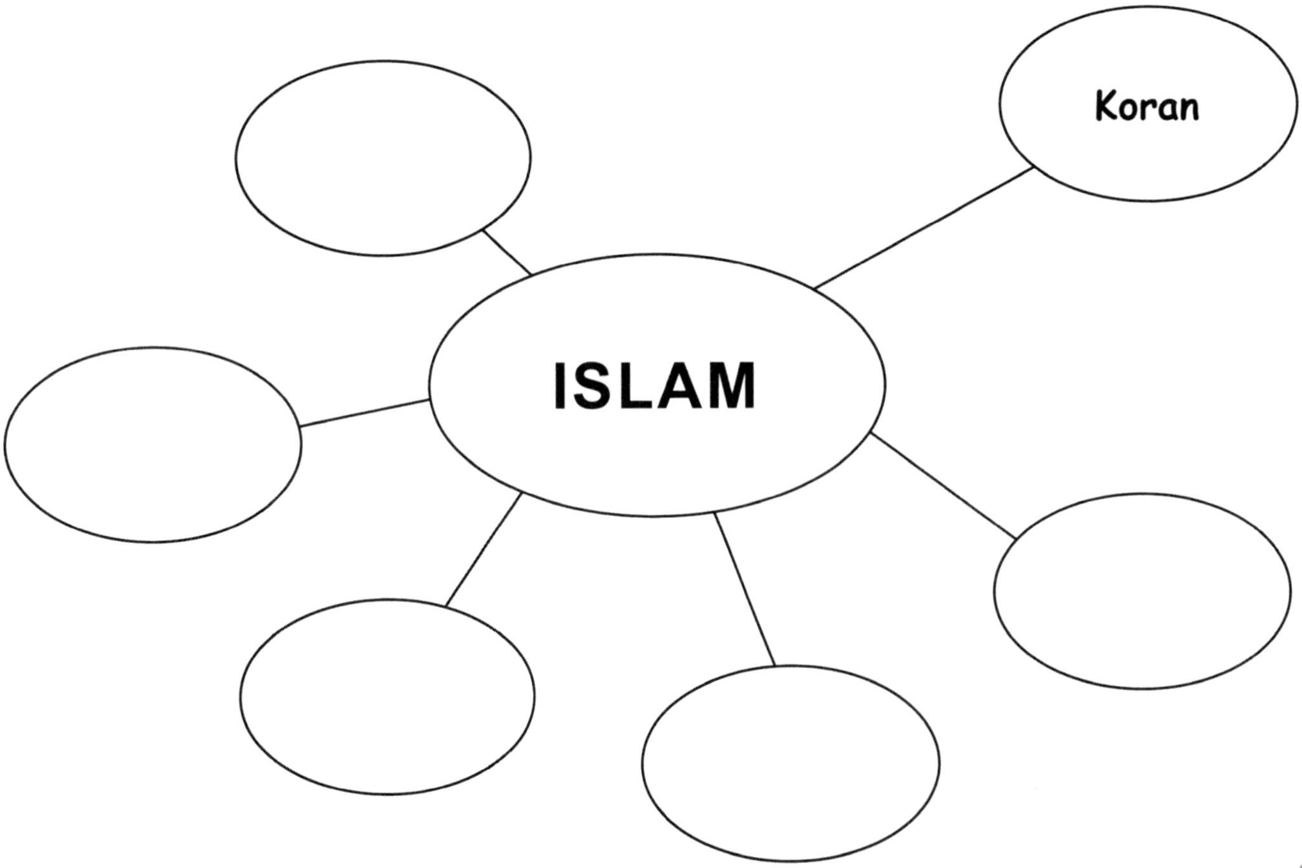

Koran

ISLAM

Allgemeine Informationen

PA

Aufgabe 2: *Tragt in die Tabelle die Länder ein, in denen der Islam weit verbreitet ist und fügt die passenden Kontinente hinzu. Markiert die Länder dann farbig in der Weltkarte.*

Land	Kontinent

EA

Aufgabe 3: *Kreuze die richtigen Antworten an.*

1. Der Islam ist eine
- a) ☐ *... polytheistische Religion.*
- b) ☐ *... monotheistische Religion.*
- c) ☐ *... atheistische Religion.*

2. Die Muslime glauben an die
- a) ☐ *... Einheit in Gott*
- b) ☐ *... Reinkarnation des Menschen.*
- c) ☐ *... Dreifaltigkeit Gottes.*

3. Der Koran ist
- a) ☐ *... das heilige Buch der Christen.*
- b) ☐ *... das höchste Gebot der Buddhisten.*
- c) ☐ *... das heilige Buch der Muslime.*

4. Im Islam glaubt man an die
- a) ☐ *... Propheten.*
- b) ☐ *... Tanzgöttin.*
- c) ☐ *... Macht der Natur.*

KOHL VERLAG Lernwerkstatt DEN ISLAM KENNENLERNEN – Bestell-Nr. 11 25E

Allgemeine Informationen

EA

Aufgabe 4: *Beantworte die folgenden Fragen in vollständigen Sätzen.*

a) An wen glauben die Muslime?

b) Was bedeutet das Wort „Allah"?

c) Auf wen gründet sich der Islam?

PA

Aufgabe 5: ***„Allahu akbar!"*** *Dieser Ausruf ist Arabisch und spielt eine sehr wichtige Rolle im Islam. Recherchiert seine Bedeutung und erklärt sie in ganzen Sätzen.*

I. Geschichte – Hintergründe – Glauben

Die Gemeinschaft der Muslime

Das Wort Muslim wird für Männer oder Jungen benutzt, das Wort Muslima für Frauen oder Mädchen. Das Wort „Muslim" ist arabisch und bedeutet „der sich (Gott) Unterwerfende" oder „sich (Gott) Hingebende". Muslimische Eltern geben ihren Glauben an die Kinder weiter. Muslim oder Muslima wird man mit dem Aussprechen des Glaubensbekenntnisses. Unter den Muslimen gibt es verschiedene Glaubensrichtungen. Die größte Gemeinschaft ist die Gruppe der Sunniten, eine kleinere Gruppe nennt sich Schiiten. Die Trennung in diese verschiedenen Glaubensrichtungen entstand direkt nach dem Tode Mohammeds, da sich die Gläubigen nicht über seine Nachfolge einigen konnten. Während die Sunniten den Kalifen als geistigen Führer ansahen, hielten die Schiiten die Imame als unfehlbar. In der heutigen Zeit gibt es Muslime, die sogenannten Fundamentalisten, die mit Gewalt dafür kämpfen, dass das alte früh-islamische Gesellschaftssystem wieder eingesetzt wird.

PA

Aufgabe 1: *Stellt die Gemeinsamkeiten und Unterschiede der muslimischen und christlichen Gemeinschaft gegenüber.*

	Islam	Christentum
Gemeinsamkeiten		
Unterschiede		

EA

Aufgabe 2: *Recherchiere Informationen über Kalifen und Imamen. Welche Rolle spielen sie im Islam? Schreibe in vollständigen Sätzen.*

Kalif: ______________________________

____

Imam: ______________________________

____

____

I. Geschichte – Hintergründe – Glauben

Allah

„Allah“ ist die arabische Bezeichnung für „Gott“. Nach dem Glauben der Muslime ist Allah der einzige Gott und der Schöpfer der Welt. Wenn die Muslime von Allah sprechen, fügen sie oft die Worte „Er ist gepriesen und erhaben“ hinzu. Viele Gebete der Muslime beginnen mit den Worten „Allahu akbar“, das heißt „Gott ist größer“.
Im Koran finden sich die 99 schönsten Namen Allahs. Jeder dieser Namen steht für eine andere Eigenschaft Gottes. So wird Allah zum Beispiel „Barmherziger“, „Gnädiger“ oder „Allmächtiger“ genannt. Der hundertste Name Allahs ist nach islamischer Auffassung unaussprechbar und den Menschen unbekannt. Viele Muslime verwenden eine Gebetskette, um die 99 Namen Allahs beim Gebet zu sprechen.

PA

Aufgabe 3: *Recherchiert, welcher Zusammenhang zwischen der sogenannten Gebetskette und den 99 Namen Allahs besteht. Antwortet in vollständigen Sätzen.*

EA

Aufgabe 4: *Warum sagen die Muslime oft „Allahu akbar – Gott ist größer“ und nicht nur „Gott ist groß“? Finde eine Erklärung.*

Lernwerkstatt DEN ISLAM KENNENLERNEN – Bestell-Nr. 11 258

I. Geschichte – Hintergründe – Glauben

Aufgabe 5: *Hier siehst du einen Ausschnitt aus der Liste mit den „schönsten Namen Allahs". Muslime machen sich wie die Christen kein Bildnis von Gott, sondern gestalten seinen Namen als Wort künstlerisch auf Leinwänden und anderen Gegenständen, welchen sie dann in ihrem Haus einen Ehrenplatz geben. Suche dir drei Namen heraus und fertige ein schönes Bild an.*

1	الرحمن	ar-Rahmān	der Erbarmer
2	الرحيم	ar-Rahīm	der Barmherzige
3	الملك	al-Malik	der König
4	القدوس	al-Quddūs	der Heilige
5	السلام	as-Salām	der Frieden
6	المؤمن	al-Mu'min	der Wahrer der Sicherheit
7	المهيمن	al-Muhaymin	der Beschützer und Bewacher
8	العزيز	al-Azīz	der Erhabene, der Ehrwürdige
9	الجبار	al-abbār	der Kräftige
10	المتكبر	al-Mutakabbir	der Vornehme, der Stolze
11	الخالق	al-chāliq	der Schöpfer
12	البارئ	al-Bāri	der Schaffende
13	المصور	al-Musawwir	der Formende (der jedem Ding seine Form Gebende)
14	الغفار	al-Ġaffār	der Verzeiher
15	القهار	al-Qahhār	der Alles-Bezwinger

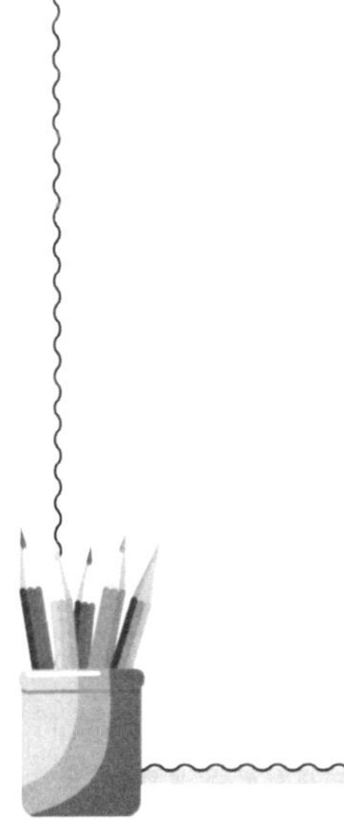

I. Geschichte – Hintergründe – Glauben

Mohammed und seine Nachfolger

Mohammed hieß mit bürgerlichem Namen Abul Kasim Muhammad Ibn Abdallah und ist der Religionsgründer des Islam. Er wurde 570 n. Chr. in Mekka, einer Stadt in Saudi-Arabien, geboren. Schon als Kind verlor er seine Eltern und wuchs bei seinem Onkel auf. Da sein Onkel arm war, hütete Mohammed dessen Schafe und begleitete ihn auf seinen Handelsreisen.
Auf einer dieser Reisen lernte Mohammed die reiche ältere Kaufmannswitwe Chadidscha kennen. Er ging bei ihr in die Lehre und reiste mit Karawanen in andere, ferne Länder. Dort lernte er Christen und Juden und ihren Glauben an Gott kennen. Im Jahr 595 n. Chr. heiraten Mohammed und Chadidscha.
Mohammed war ein sehr gläubiger Mensch und betete oft. Jedes Jahr zog er sich für einen Monat in die Einsamkeit der Berge zurück. Dort wollte er zur Ruhe kommen und fasten.
Als Mohammed vierzig Jahre alt war, erschien ihm eines Nachts in einer Höhle auf dem Berg Hira der Engel Gabriel. Der Engel teilte ihm mit, dass er der Gesandte Gottes sei und gab ihm folgenden Auftrag: „Geh zu den Menschen und erzähle ihnen von Allah, dem einzigen Gott. Ermahne sie, nicht mehr zu betrügen. Die Armen dürfen nicht vergessen werden, um sie sollen sich die Menschen kümmern."
Von nun an begann Mohammed, von Allah zu erzählen. Doch die Menschen in Mekka wollten nichts von Allah und seinem Auftrag hören. So wanderte Mohammed im Jahr 622 n. Chr. in die Stadt Medina aus. Dort gelang es ihm, seinen Glauben an den einzigen Gott zu verbreiten. Im Jahr 630 n.Chr. kehrte Mohammed mit seinen Anhängern nach Mekka zurück und unterwarf seine ehemalige Heimatstadt mit Waffengewalt. Nun konnte er auch in Mekka seinen Glauben verkünden. Nach und nach verbreitete sich die neue Lehre im ganzen Vorderen Orient. Als Mohammed im Jahr 632 n. Chr. starb, wurde Abu Bakar sein Nachfolger.

EA

Aufgabe 6: *Fülle den folgenden Lückentext mit den passenden Begriffen.*

Mohammed hieß mit bürgerlichem Namen ________ ________ ____________

Ibn Abdallah und ist der Religionsgründer des Islams.

Er wurde ________ ___. Chr. in ____________ geboren.

Mohammed wuchs bei seinem ____________ auf.

Im Jahr 595 n. Chr. heiratete Mohammed seine Frau ______________.

Mohammed war äußerst ______________ und ______________ viel.

Auf dem Berg ________ in Mekka erschien ihm eines Nachts der Engel

______________ und bat ihn, den Menschen von Allah zu erzählen.

Lernwerkstatt DEN ISLAM KENNENLERNEN – Bestell-Nr. 11 258
KOHL VERLAG

I. Geschichte – Hintergründe – Glauben

EA

Aufgabe 7: *Erstelle aus den Wörtern im Kasten einen Informationstext über den Propheten Mohammed.*

Mekka – Onkel – Chadidscha – Gabriel – Medina – Abu Bakar

PA

Aufgabe 8: *Im Infotext findet ihr eine Stelle, in der gesagt wird, dass Mohammed Waffengewalt anwendet, um damit seinen Glauben zu verbreiten. Findet ihr aktuelle Bezüge zu heute? Recherchiert im Internet und schreibt eure Antwort in vollständigen Sätzen auf.*

KOHL VERLAG Lernwerkstatt DEN ISLAM KENNENLERNEN – Bestell-Nr. 11 258

I. Geschichte – Hintergründe – Glauben

Die Kalifen

Das Wort „Kalif“ bedeutet Nachfolger. Da Mohammed nach seinem Tod keine direkten männlichen Nachkommen hatte, wurde Abu Bakar sein Nachfolger. Nach Abu Bakar wurden in den nächsten Jahren meistens die Söhne oder Verwandten des scheidenden Kalifen als Nachfolger eingesetzt. Oftmals gab es gewaltsame Kriege um die Nachfolge des Kalifen. Erst im 17. Jahrhundert endete die Herrschaft der Kalifen.
Nach dem Sturz der Osmanen durch Mustafa Kemal Atatürk erklärte die Türkische Republik am 3. März 1924 auch das Kalifat für abgeschafft. An diesem Tag wurde der 101. und letzte Kalif Abdülmecit II. abgesetzt. Er und alle Angehörigen mussten das Land verlassen.

EA

Aufgabe 9: *Wann endete die Herrschaft der Kalifen und warum? Antworte in vollständigen Sätzen.*

PA

Aufgabe 10: *Stellt Vermutungen auf, wer das sein könnte. Recherchiert im Internet oder schaut im Lexikon nach. Begründet euer Ergebnis!*

Lernwerkstatt DEN ISLAM KENNENLERNEN – Bestell-Nr. 11 258

Der Koran

Der Koran ist das heilige Buch der Muslime. Die Muslime glauben, dass er das Wort Allahs enthält. Der Engel Gabriel überbrachte Mohammed das Wort Gottes mündlich. Mohammed predigte es seinen Anhängern und den Menschen seiner Zeit. Nach seinem Tod gab Mohammeds Nachfolger Abu Bakar den Auftrag, alle Weisungen, die Mohammed von Allah erhalten hatte, aufzuschreiben. Aus diesen Niederschriften entstand der Koran, eine Sammlung aus 114 Kapiteln. Diese Kapitel werden Suren genannt. Da die Schreiber nicht wussten, in welcher Reihenfolge Mohammed die Worte Allahs erhielt, wurden die Suren grob ihrer Länge nach geordnet. Die 1. Sure ist die sogenannte „Fatiha," die Eröffnungssure.
Der Koran ist in arabischer Sprache verfasst. Die Suren sind in Versen geschrieben. Daher ist es schwierig, den Koran zu übersetzen. Obwohl es Übersetzungen des Korans gibt, lernen Muslime bis heute die arabische Sprache, um im Koran lesen zu können. Muslimische Kinder auf der ganzen Welt gehen in eine Koranschule. Dort lernen sie die Verse des Korans auf Arabisch zu lesen und lernen sie auswendig.
Im Koran werden Geschichten von der Schöpfung der Welt und Geschichten von den Propheten erzählt. Er enthält aber auch Regeln für das religiöse Leben und den Alltag. Es gibt zum Beispiel Speisevorschriften, Regeln für die Eheschließung und das Zusammenleben der Menschen. Manchmal ist es schwierig zu verstehen, wie ein Text im Koran gemeint ist. Deshalb gibt es unterschiedliche Auslegungen des Korans.

EA

Aufgabe 11: *Löse das Kreuzworträtsel über den Koran. Die Buchstaben in den grauen Kästchen ergeben in der richtigen Reihenfolge ein Lösungswort.*

1. Wessen Wort soll der Koran enthalten?
2. Wie hieß der Engel, welcher Mohammed das Wort Allahs übergab?
3. Wie hieß Mohammeds Nachfolger?
4. Wie werden die Kapitel im Koran genannt?
5. Wie nennt man die Eröffnungssure?
6. In welcher Form sind die Suren verfasst?
7. Was besuchen muslimische Kinder weltweit?
8. In welcher Sprache ist der Koran verfasst?

Lösungswort: ____________________

Lernwerkstatt DEN ISLAM KENNENLERNEN – Bestell-Nr. 11 238
KOHL VERLAG

I. Geschichte – Hintergründe – Glauben

Die fünf Säulen des Islam

Im Mittelpunkt des islamischen Glaubens stehen die „Fünf Säulen des Islam". Diese sind die wichtigsten religiösen Pflichten der Muslime und bilden das Fundament ihres Glaubens.

Die „Fünf Säulen des Islam" sind:

- **das Glaubensbekenntnis**
- **das Gebet**
- **das Fasten**
- **die Armensteuer**
- **die Pilgerfahrt**

PA

Aufgabe 12: *Welche Bereiche finden sich auch in anderen Religionen? Kreuzt die Kästchen an, wenn der jeweilige Bereich in dieser Religion existiert.*

Säule	Hinduismus	Buddhismus	Christentum	Judentum
Glaubens-bekenntnis				
Gebet				
Fasten				
Armensteuer				
Pilgerfahrt				

PA

Aufgabe 13: *Recherchiert im Internet oder fragt einen muslimischen Freund, wo die Fünf Säulen des Islam im Koran erwähnt werden.*

EA

Aufgabe 14: *Schneide die Säulen, das Fundament und das Dach aus und klebe es korrekt zu einem Schaubild in dein Heft.*

Der Islam

Salāt (das Gebet)

Hadsch (die Pilgerfahrt)

Der Koran

Saum (das Fasten)

Zakāt (die Armensteuer)

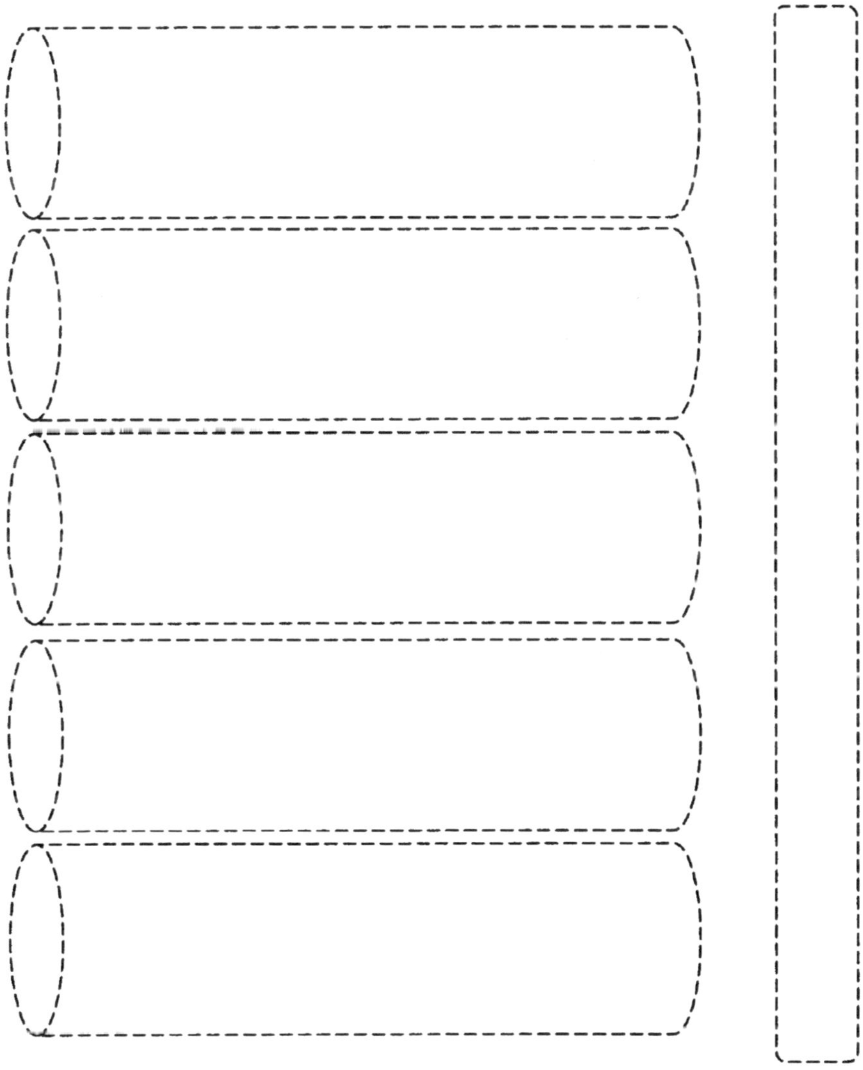

Schahāda (Glaubensbekenntnis)

Die fünf Säulen des Islam

KOHL VERLAG Lernwerkstatt DEN ISLAM KENNENLERNEN – Bestell-Nr. 11 258

I. Geschichte – Hintergründe – Glauben

1. Schahāda (das Glaubensbekenntnis)

Die erste Säule des Islam ist das Glaubensbekenntnis, die „Schahāda“. Wörtlich übersetzt bedeutet Schahāda „Bezeugen“. Die Worte des Glaubensbekenntnisses lauten in der wörtlichen Übersetzung: „Ich bezeuge, dass es keine Gottheit außer Gott gibt und dass Mohammed der Gesandte Gottes ist.“ Die Schahāda besteht aus zwei Teilen. Im ersten Teil steht geschrieben, dass es nur einen einzigen Gott gibt. Der zweite Teil bezieht sich auf den Propheten Mohammed. Die Muslime glauben, dass Mohammed das Wort Gottes zu den Menschen gebracht hat.
Die Schahāda ist für Muslime sehr wichtig, da das Aussprechen ihrer Worte in tiefer Überzeugung ausreicht, um Muslim zu werden. Die Worte des Glaubensbekenntnisses sind zudem die ersten Worte, die bei der Geburt in das Ohr des Neugeborenen geflüstert werden. Darüber hinaus stellen sie die letzten Worte an einen Sterbenden dar.

PA

Aufgabe 15: *Lies dir mit deinem Partner gemeinsam das Glaubensbekenntnis des Islams durch und beschreibe es in deinen eigenen Worten. Wo liegen Unterschiede zum christlichen Glaubensbekenntnis? Schreibe in vollständigen Sätzen in dein Heft.*

„Ich bezeuge: Es gibt keinen Gott außer Allah und ich bezeuge, dass Mohammed der Gesandte Allahs ist.“

EA

Aufgabe 16:

Ein Glaubensbekenntnis ist im Islam ein öffentlicher Ausdruck des persönlichen Glaubens, zu dem sich der Sprecher bekennt. Sieh dir die folgende Kalligrafie eines Glaubensbekenntnisses an und erläutere mit eigenen Worten, warum der Künstler das Glaubensbekenntnis in dieser Form dargestellt hat.

Schreibe in dein Heft.

2. Salāt (das Pflichtgebet)

Die zweite Säule des Islam ist das Pflichtgebet. Jedem Muslim sind täglich fünf Pflichtgebete vorgeschrieben, die zu festgelegten Zeiten stattfinden: in der Morgendämmerung, am Mittag, am Nachmittag, am Abend und nach Einbruch der Nacht. Vor dem Gebet müssen die Muslime eine rituelle Reinigung durchführen, da die Reinheit im Islam sehr wichtig ist.
Ein Muslim kann in der Moschee, zu Hause, auf der Arbeit oder unterwegs beten. Am Freitag jedoch muss jeder Muslim in der Gemeinschaft mit anderen beten. Hierfür gehen die meisten Muslime in die Moschee.

Um das Gebet an einem sauberen Ort zu vollziehen, wird ein Gebetsteppich als Unterlage genutzt. Dabei werden die Gebetsteppiche so gelegt, dass sie in Richtung Mekka zeigen. Wenn ein Muslim unterwegs ist, kann er einen speziellen Gebetskompass zur Bestimmung der Gebetsrichtung nach Mekka benutzen. Das muslimische Gebet enthält eine bestimmte Abfolge von Worten und Bewegungen. Dabei werden vier Körperhaltungen eingenommen: Stehen, Verbeugen, Knien und Niederwerfen. Die Pflichtgebete beinhalten Teile des Korans und werden immer auf Arabisch gesprochen. Das Zusammenlegen oder Nachholen von Gebeten ist unter bestimmten Bedingungen gestattet, zum Beispiel auf Reisen.

PA

Aufgabe 17: *Erstellt einen Regel-Zettel, auf dem ihr alle wichtigen Punkte zur Durchführung eines Gebets aufzählt.*

Regeln zur Durchführung des Gebets

- ______________________________________

  ____
- ______________________________________

  ____
- ______________________________________

  ____
- ______________________________________

  ____

KOHL VERLAG Lernwerkstatt DEN ISLAM KENNENLERNEN – Bestell-Nr. 11 258

3. Zakāt (die Armensteuer)

Die Zakāt ist eine der fünf Säulen des Islam. Fast überall, wo das Gebet erwähnt wird, folgt auch die Zakāt im Koran. Allah spricht im Heiligen Koran:

„Und richtet das Gebet ein und gebt die Zakāt-Abgabe und gehorcht dem Gesandten, damit euch vielleicht Barmherzigkeit gegeben wird.“ (24:56)

Ein Ausspruch des Gesandten Mohammed lehrt die Muslime:

„Allah hat den Reichen in ihrem Reichtum den Betrag, der den Bedarf der Armen deckt, auferlegt. Die Armen leiden weder Hunger noch Nacktheit, außer als Folge des Handelns der Reichen. Allah wird sie genau prüfen und sie schwer bestrafen“.

Die Zakāt wird von der Person, die sie entrichtet, persönlich an einen Bedürftigen weitergegeben. Dabei sollten zuerst Familienmitglieder oder Verwandte berücksichtigt werden. In einigen Ländern wird die Armenabgabe in Form einer Steuer durch den Staat erhoben, verwaltet und verteilt. Dabei muss jeder Muslim $\frac{1}{40}$ seines Einkommens an Bedürftige abgeben. Diese Armensteuer zahlen viele Muslime im Fastenmonat Ramadan.

Quelle Korantext: islam-information.com

EA

Aufgabe 18: *Das Bild zeigt, wie zwei Hände sich entgegenkommen. Was soll damit erklärt werden? Greife nochmal die Ideen der Armensteuer (Zakāt) auf und erkläre das Bild mit deinen Worten.*

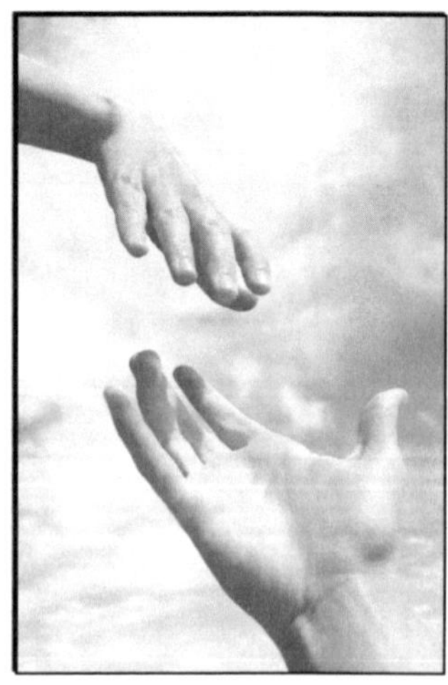

____

____

____

____

____

____

____

____

Lernwerkstatt
DEN ISLAM KENNENLERNEN – Bestell-Nr. 11 258

4. Saum (das Fasten im Ramadan)

Zu den religiösen Grundpflichten des Islam gehört das Fasten. Einen Monat lang sollen die Muslime auf Essen und Trinken verzichten. Dieser Fastenmonat nennt sich „Ramadan“. Im Ramadan fasten die Muslime vom Sonnenaufgang bis zum Sonnenuntergang. Erst bei Einbruch der Dunkelheit wird das Fasten unterbrochen. Dann sitzt die ganze Familie bei einem gemeinsamen Essen zusammen. Das Fasten erfolgt nicht aus gesundheitlichen Gründen. Die fastenden Muslime sollen vielmehr erkennen, dass es nicht selbstverständlich ist, ausreichend Essen und Trinken zu haben. Daher sprechen sie vor und nach dem gemeinsamen Abendessen Dankgebete.
Da das Fasten für den Körper sehr anstrengend ist, sind einige Menschen vom Fasten befreit. So müssen alte Menschen, Kranke, Kinder und Schwangere beispielsweise nicht fasten. Muslime, die während des Ramadan auf Reisen sind und daher nicht fasten können, dürfen die Fastenzeit zu einem späteren Zeitpunkt nachholen.
Der Ramadan endet mit dem Fest des Fastenbrechens, das auch „Zuckerfest“ heißt. Es wird so genannt, da beim gemeinsamen Festessen mit Verwandten und Freunden neben Festtagsspeisen auch Süßes gegessen wird und die Kinder viele Süßigkeiten geschenkt bekommen. Das Zuckerfest dauert drei Tage, an denen die muslimischen Familien neben den gemeinsamen Festessen in die Moschee gehen und beten. An den Tagen des Zuckerfests sollen die Muslime den Menschen, mit denen sie Streit hatten, verzeihen.

Aufgabe 19: *Vergleicht diese beiden Passagen aus dem Koran und aus der Bibel. Welche Gemeinsamkeiten zwischen dem Islam und dem Christentum bezüglich des Fastens findet ihr? Schreibt sie auf!*

„O ihr, die ihr glaubt! Das Fasten ist euch vorgeschrieben, so wie es denen vorgeschrieben war, die vor euch waren. Vielleicht werdet ihr (Allah) fürchten." (Qur'an 2:183)

„Du aber salbe dein Haar, wenn du fastest, und wasche dein Gesicht, damit die Leute nicht merken, dass du fastest, sondern nur dein Vater, der auch das Verborgene sieht; [...] wird es dir vergelten.“ (Mt. 6, 17-18)

Gemeinsamkeiten	Unterschiede

KOHL VERLAG Lernwerkstatt DEN ISLAM KENNENLERNEN – Bestell-Nr. 11 258

5. Hadsch (die Pilgerfahrt nach Mekka)

Einmal in seinem Leben soll jeder gläubige Muslim zur Pilgerfahrt nach Mekka reisen. Mekka ist für die Muslime eine ganz besondere Stadt, denn dort wurde der Prophet Mohammed geboren. Die Pilgerfahrt ist für jeden Muslim Pflicht, soweit er die finanziellen und gesundheitlichen Möglichkeiten dazu hat.
In Mekka besuchen die Pilger die „Kaaba", das größte Heiligtum des Islams.
Die „Kaaba" heißt übersetzt „Würfel" und ist ein viereckiges Gebäude aus Stein. Sie ist unter einem schwarzen Vorhang verborgen, der mit Koranversen bestickt ist. Der Legende nach sollen Abraham und sein Sohn Ismael, die als wichtige Propheten des Islams gelten, die Kaaba entdeckt und aufgebaut haben. In der Kaaba befindet sich ein Meteorit, ein schwarzer Stein, den Abraham der muslimischen Überlieferung nach vom Engel Gabriel empfangen haben soll. Für die Muslime ist der Höhepunkt der Hadsch, bei dem die Kaaba siebenmal umrundet wird.

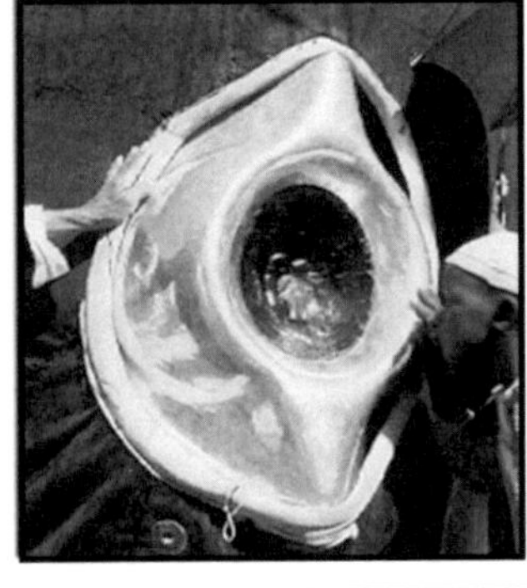

Zu Beginn der Pilgerfahrt hüllen sich die Pilger in zwei weiße Tücher. Um in einen Weihezustand zu kommen, dürfen sie sich während der Hadsch weder rasieren, noch kämmen oder die Haare und Nägel schneiden.
Der Pilger darf sich nach Beendigung der Pilgerfahrt den Ehrennamen „Hadschi" geben. Er genießt nach seiner Rückkehr besonderes Ansehen.

PA

Aufgabe 20: *Die Pilgerfahrt im Islam ist ein großes Ereignis und ist aus der Luft betrachtet ein überwältigender Anblick. Schaut euch das Video an und vervollständigt mithilfe des Infotextes oben und dem Video das Cluster mit Eindrücken und Stichpunkten zur Pilgerfahrt nach Mekka.*

(Video-Link: http://islam-information.com/diefuenfsaeulendesislam/5diepilgerfahrt/index.html)

Achtet dabei auf folgende Fragen:

a) *Was/wen seht ihr?*
b) *Was passiert?*
c) *Wo findet die Handlung statt?*
d) *Was sticht heraus?*
e) *Welche Musik bzw. Geräuschkulisse ist im Video wahrzunehmen?*
...

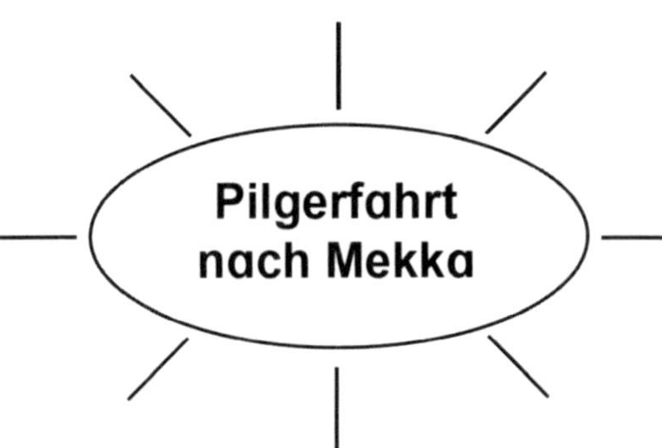

II. Feste des Islam

Allgemeine Feste

Der **Ramadan** ist der neunte Monat des islamischen Kalenders und ein Fastenmonat. Da der islamische Kalender ein Mondkalender ist, verschiebt sich der Ramadan jedes Jahr um einige Tage. Der Ramadan ist der Monat, in dem der Prophet Mohammed zum ersten Mal eine göttliche Offenbarung erlebte. Somit ist der Ramadan ein ganz besonderer Monat für die Muslime, in dem sie sich besonders auf den Koran und Gott konzentrieren.
An jedem Tag im Ramadan fasten die Muslime vom Sonnenaufgang bis zum Sonnenuntergang und verzichten auf Essen und Trinken. Außerdem achten sie darauf, dass sie keinen Streit mit ihren Mitmenschen beginnen, dass sie nicht lügen oder schlecht über andere reden. Alte Menschen, Kranke, Kinder und Schwangere sind vom Fasten befreit. Einige Kinder jedoch versuchen, auch zu fasten oder sie verzichten auf Süßigkeiten.
Nach Sonnenuntergang treffen sich alle Familienmitglieder, Freunde und Verwandte, um gemeinsam zu essen und zu trinken. Der Fastenmonat endet mit dem Fest des Fastenbrechens, dem Zuckerfest.

Das „**Fest des Fastenbrechens**" ist ein großes, dreitägiges Fest am Ende des Fastenmonats Ramadan. Am ersten Morgen des Festes wird die Moschee besucht, um das gemeinsame Gebet dieses Festtages abzuhalten. Anschließend gibt es nach der langen Fastenzeit ein großes Frühstück mit Festtags- und Süßspeisen. Dabei versammelt sich meist die ganze Familie. Den Rest des Tages besuchen die muslimischen Familien Verwandte und Freunde. Dabei werden meist süße Gerichte gereicht und viele Süßigkeiten gegessen. Daher wird dieses Fest auch „**Zuckerfest**" genannt. Häufig machen sich die Muslime gegenseitig Geschenke. Für das Zuckerfest ziehen sich die Muslime besonders schöne oder neue Kleidung an. Das Haus ist ganz besonders aufgeräumt und gesäubert.

Das **Opferfest** ist das höchste islamische Fest. Es dauert vier Tage und kann aufgrund des islamischen Mondkalenders zu jeder Jahreszeit stattfinden. Das Opferfest erinnert an das große Opfer, das der Prophet Abraham brachte, als er Allah seinen Sohn Ismael opfern wollte. Als Allah merkte, dass Abraham hierzu bereit war, schickte er ihm ein Schaf, das er statt seines Sohnes opfern sollte.
Heute ist es für sehr gläubige Muslime Pflicht, zur Feier des Opferfestes ein Tier zu opfern, falls sie es sich finanziell leisten können. So schlachten die Muslime ein Tier, meist ein Schaf, und teilen es in drei gleich große Teile. Der erste Teil wird armen Menschen gespendet, der zweite Teil Verwandten und Freunden geschenkt und der dritte Teil für die eigene Familie behalten. Am ersten Morgen des Opferfestes besuchen die Muslime die Moschee, um gemeinsam das besondere Gebet dieses Festtages zu sprechen. Nach dem Besuch der Moschee schließt sich oft ein Besuch auf dem Friedhof an, um der verstorbenen Verwandten und Bekannten zu gedenken. Anschließend besuchen die Muslime ihre Verwandten und Freunde. Gemeinsam wird ein großes, festliches Mahl gehalten. Man macht sich gegenseitig und oft auch Bedürftigen Geschenke.

II. Feste des Islam

EA

Aufgabe 1: *Ordne die Begriffe richtig zu.*

Fastenmonat | höchstes islamisches Fest | alte und kranke Menschen vom Fasten befreit

Süßigkeiten | Opfer | gemeinsames Frühstück | neue und schöne Kleidung

Ramadan	Zuckerfest	Opferfest

PA

Aufgabe 2: *Fasst jedes Fest gemäß seiner Bedeutung im Islam in eigenen Worten zusammen.*

Ramadan: ______________________________

____

____

____

Zuckerfest: ______________________________

____

____

____

Opferfest: ______________________________

____

____

____

II. Feste des Islam

EA

Aufgabe 3: *Kreuze nur die richtigen Aussagen an. Die Silben hinter den angekreuzten Aussagen ergeben, in die richtige Reihenfolge gebracht, einen Lösungssatz.*

a)	☐	*Der Ramadan ist der neunte Monat des islamischen Kalenders.*	**fest**
b)	☐	*Der islamische Kalender ist der Mondkalender.*	**ma**
c)	☐	*In der Zeit des Ramadan konzentriert man sich besonders auf den Koran und Allah.*	**Fas**
d)	☐	*Die Muslime fasten vom Sonnenuntergang bis zum Sonnenaufgang.*	**reich**
e)	☐	*Der Ramadan endet mit dem sogenannten „Salzfest".*	**bau**
f)	☐	*Das Zuckerfest feiert man drei Tage lang am Ende des Ramadans.*	**ist**
g)	☐	*Am ersten Morgen des Zuckerfestes wird die christliche Kirche besucht um auch mit den Christen zu feiern.*	**von**
h)	☐	*Muslime machen sich am Zuckerfest viele Geschenke.*	**ten**
i)	☐	*Am Zuckerfest darf man wieder etwas Süßes essen.*	**ßes**
j)	☐	*Das Opferfest hat im Islam keine große Bedeutung.*	**Er**
k)	☐	*Der Prophet Abraham war bereit, seinen Sohn zu opfern.*	**ein**
l)	☐	*Für sehr gläubige Muslime ist es Pflicht, an diesem Opferfest ein Tier zu opfern.*	**Ra**
m)	☐	*Das Opferfest dauert vier Tage.*	**gro**
n)	☐	*Am Opferfest bleibt man zu Hause und ruht sich aus.*	**lieb**
o)	☐	*Muslime machen auch den Bedürftigen Geschenke.*	**Der**
p)	☐	*Am ersten Tag des Opferfestes besuchen die Muslime die Moschee.*	**dan**

Lösungssatz: ____ ____ ____ ____ ____ ____ ____ ____ ____ ____ ____

Lernwerkstatt DEN ISLAM KENNENLERNEN – Bestell-Nr. 11 258
KOHL VERLAG

II. Feste des Islam

Persönliche Feste

Geburt

Für Muslime bedeuten Kinder ein großes Glück und sie gehören zu den schönsten Gottesgaben. Deswegen ist die Geburt eines Kindes ein einzigartiges Erlebnis und Anlass großer Freude für die Familie. Im islamischen Glauben kommt das Kind als Muslim auf die Welt.

Kurz nach der Geburt flüstert der muslimische Vater seinem Kind den Gebetsruf in das rechte Ohr und das Glaubensbekenntnis in das linke Ohr. Nach der Geburt werden Verwandte und Nachbarn zu einem Gastmahl eingeladen. Den Armen wird Geld gespendet.

Namensgebung

Eine Woche nach der Geburt bekommt das neugeborene Kind seinen Namen.

Der erste Zahn

Wenn ein muslimisches Kind seinen ersten Zahn bekommt, wird ein kleines Fest gefeiert. Das Kind bekommt ein Geschenk von dem Menschen, der den Zahn zuerst entdeckte.

Die Beschneidung muslimischer Jungen

Die Beschneidung ist eines der wichtigsten religiösen Feste für einen muslimischen Jungen. Abhängig von der jeweiligen Kultur und dem sozialen Stand der Eltern werden Jungen zwischen der frühen Kindheit und dem Einsetzen der Pubertät beschnitten. Bei der Beschneidung wird die Vorhaut des männlichen Gliedes vorsichtig entfernt. Kurz nach seiner Beschneidung bekommt der beschnittene Junge Besuch von Verwandten und Freunden und viele Geschenke.

II. Feste des Islam

Eheschließung

Bevor ein muslimischer Mann und eine muslimische Frau heiraten dürfen, müssen sie sich verloben. Die Zeit der Verlobung dient dazu, sich gegenseitig näher kennen zu lernen und über die gemeinsame Lebensplanung zu sprechen. Wenn sich die Braut und der Bräutigam zusammen mit ihren Familien zu einer Heirat entschlossen haben, wird in der Moschee die „Nikah-Zeremonie" abgehalten. Dabei fragt der Imam den Bräutigam, ob er in die Ehe einwilligt und dazu bereit ist, der Braut die Morgengabe (eine finanzielle Absicherung) auszuzahlen. Nach der Zustimmung des Bräutigams wird ein Stellvertreter (Wali) der Braut ebenso befragt. Die Braut selbst nimmt an der „Nikah-Zeremonie" nicht teil. Anschließend hält der Imam eine kurze Ansprache und liest Worte des Propheten Mohammeds aus dem Koran vor. Dann findet ein stilles Gebet aller Hochzeitsgäste statt.

Bei Muslimen in Deutschland ist es üblich, neben Freunden und Verwandten auch deutsche Nachbarn einzuladen. Diese sind dann oft besondere Gäste und werden ausgesprochen höflich behandelt.

Tod und Beerdigung

Nach dem Tod eines muslimischen Menschen führen die Familienangehörigen eine rituelle Waschung des Toten durch. Zudem wird gemeinsam mit dem Vorbeter der muslimischen Gemeinde (Imam) ein Totengebet gesprochen. Anschließend wird der Verstorbene in Leinentücher gewickelt und ohne einen Sarg ins Grab gelegt. Dabei zeigt der Körper des Toten mit dem Kopf in Richtung Mekka. Nach der Beerdigung versammeln sich die Angehörigen und Verwandten des Verstorbenen meist siebenTage lang im Haus des Toten. Sie lesen im Koran und sprechen Gebete. In dieser Zeit kümmern sich Nachbarn oder Freunde um die Familie, indem sie sie mit Speisen und Getränken versorgen. Sieben Tage nach dem Tod des Angehörigen gibt die Familie dann ein Gastmahl für den Bekanntenkreis. Vor dem gemeinsamen Essen wird aus dem Koran gelesen, gebetet und an die guten Eigenschaften und Taten des Verstorbenen erinnert.

II. Feste des Islam

GA

Aufgabe 4: *„Bei der islamischen Hochzeit ist die Braut nicht so persönlich angesprochen wie z. B. bei einer christlichen Hochzeit." Erklärt, was mit dieser Aussage gemeint sein könnte.*

EA

Aufgabe 5: *Beantworte die folgenden Fragen mit einem Wort. Die Buchstaben in den Kästchen ergeben in der richtigen Reihenfolge ein Lösungswort.*

Ü = Ü

a) *Für Muslime bedeutet die Geburt eines Kindes ein großes* _ _ _ _ _ .

b) *Der Vater flüstert dem Kind seinen Namen in das* □ _ _ _ _   _ _ _ .

c) *Erst eine* _ _ _ _ _ *nach der Geburt bekommt das Kind seinen Namen.*

d) *Die* _ _ _ _ _ _ _ _ _ _ _ _ *ist ein wichtiges Fest für muslimische Jungen.*

e) *Bevor eine Hochzeit stattfindet, müssen sich Mann und Frau* _ _ _ □ _ _ _ _ _ .

f) *Muslime laden in Deutschland auch ihre deutschen* _ □ _ _ _ □ _ _ *ein.*

g) *Nach dem Tod führen Muslime eine rituelle* _ _ _ _ □ _ _ _ *des Toten durch.*

Lösungswort: _ _ _ _ _

EA

Aufgabe 6: *Wenn ein Mensch bestattet wird, legen die Muslime den Toten mit dem Kopf in Richtung Südosten (von Mitteleuropa aus gesehen) ins Grab. Warum?*

Lernwerkstatt DEN ISLAM KENNENLERNEN – Bestell-Nr. 11 258
KOHL VERLAG

II. Feste des Islam

EA

Aufgabe 7: *Stell dir vor, du bist in der Türkei bei einem Freund kameraden zu Besuch. Dieser lädt dich auf eine traditionelle muslimische Hochzeit ein.*
Verfasse einen Brief an deine Eltern, in dem du die Zeremonie so genau wie möglich für sie schilderst.

Den Glauben in der Moschee leben

Die Moschee ist das Gebetshaus der Muslime. „Moschee“ bedeutet übersetzt „Der Ort, wo man sich niederwirft“. In der Moschee versammeln sich die Muslime zum gemeinsamen Gebet und es findet Unterricht statt.

Eine Moschee erkennt man von außen an ihrem schlanken Turm, dem Minarett. Von dort ruft der Muezzin (Gebetsrufer) die Muslime zum Gebet auf.
Wenn es keine Möglichkeit gibt, eine Moschee zu bauen, kann auch ein einfaches Haus oder ein Raum als Moschee genutzt werden. Der Freitag ist für die Muslime ein besonders wichtiger Tag in der Woche. An diesem Tag sprechen sie in der Moschee das Freitagsgebet, zu dem auch eine Predigt gehört.

Gebetsraum / Gebetsteppich
Der wichtigste Ort einer Moschee ist der Gebetsraum. Das gemeinsame Gebet wird vom Imam (Vorbeter) geleitet. Um das Gebet an einem sauberen Ort zu sprechen, sind die Beträume einer Moschee mit Gebetsteppichen ausgelegt. Diese werden so ausgelegt, dass sie in Richtung Mekka zeigen, der Stadt, in der das wichtigste Heiligtum der Muslime, die Kaaba, steht. Große Moscheen sind oft mit Reihengebetsteppichen ausgelegt, wo mehrere Muslime nebeneinander Platz finden.
Da Männer und Frauen in einer Moschee getrennt voneinander beten, besitzen einige Moscheen einen eigenen Betraum für Frauen. Meist sind Männer und Frauen jedoch durch eine Empore getrennt.

Gebetsnische
In jeder Moschee befindet sich in der Mitte einer Wand eine Gebetsnische (Mihrab/Nische). Die Gebetsnische zeigt den Muslimen die Richtung an, in der sie beten sollen. Sie zeigt in Richtung der heiligen Stadt Mekka, in der der Prophet Mohammed geboren wurde. Der Vorbeter (Imam) steht beim gemeinsamen Gebet vor der Gebetsnische.

Wenn er die Koranverse vorbetet, wirkt die Gebetsnische wie ein Verstärker. So können alle Gläubigen die Worte des Imam gut verstehen und dem Gebet folgen. Gebetsnischen sind oft mit schönen Fliesen, Koranversen oder ornamentalen Mustern geschmückt.

KOHL VERLAG Lernwerkstatt DEN ISLAM KENNENLERNEN – Bestell-Nr. 11 258

III. Bräuche, Riten und Symbole

Kanzel
Die Kanzel in einer Moschee wird Minbar genannt. Von dieser Kanzel aus spricht der Imam die Freitagspredigt. Die Minbar befindet sich meist neben der Gebetsnische und ist über eine Treppe zu erreichen. Die Treppe besteht dabei mindestens aus drei Stufen. Je größer eine Moschee ist, desto größer sollte jedoch auch die Minbar sein. Sie dient dazu, dass die Gläubigen den Imam besser hören und sehen können.

Dikka (Podium)
Das Podium steht meist zentral im Gebetsraum der Moschee und dient der Akustik, sodass alle Gläubigen die Gebetsaufforderungen hören können.

Wände
Die Wände einer Moschee sind oft mit kunstvollen arabischen Schriftzeichen und Mustern verziert.

Kursi
Ursprünglich bezeichnet der Kursi ein mobiles Lesepult als Ablage des Korans. Daraus entwickelte sich ein starres Bauelement, ein erhöhter Lederstuhl, der meist neben dem zentral gelegenen Podium (Dikka) an der Wand steht.

Kleidungsvorschriften in der Moschee
Vor dem Betreten der Moschee ziehen die Muslime ihre Schuhe aus, die in den Vorräumen oder am Eingang der Moschee aufbewahrt werden. Anschließend betreten sie die Moschee mit dem rechten Fuß und verlassen sie mit dem linken. In der Moschee müssen alle Frauen ihr Haar bedecken. Sie tragen ein Kopftuch, welches Kopf und Schultern verhüllt. Einige Männer verwenden eine Gebetsmütze, um ihr Haar zu verdecken. Vor dem Gebet reinigen sich die Muslime, indem sie ihr Gesicht, ihre Hände bis zum Ellenbogen und die Füße waschen.

Minarett
Das Minarett ist ein schmaler Turm, der sich außen an einer Moschee befindet. Minarette können sehr unterschiedlich aussehen. Es gibt quadratische, runde, sehr schlanke oder spitze Türme. Meist besitzt ein Minarett einen Rundgang oder einen kleinen Balkon, von dem der Gebetsrufer (Muezzin) fünfmal am Tag zum Gebet ruft. Heutzutage gibt es jedoch viele Minarette, die nicht mehr bestiegen werden. Der Ruf zum Gebet wird nun meist über einen Lautsprecher übertragen.

III. Bräuche, Riten und Symbole

EA

Aufgabe 1: *Erkläre die folgenden Begriffe in vollständigen Sätzen.*

Muezzin: ______________________________

____

____

____

____

Gebetsnische: ______________________________

____

____

____

____

Minbar: ______________________________

____

____

____

____

____

____

KOHL VERLAG Lernwerkstatt DEN ISLAM KENNENLERNEN – Bestell-Nr. 11 258

III. Bräuche, Riten und Symbole

EA

Aufgabe 2: *Löse das Kreuzworträtsel. Die Buchstaben in den grauen Kästchen ergeben in der richtigen Reihenfolge ein Lösungswort.*

1. Wie nennt man das Gebetshaus der Muslime?
2. Das Gebetshaus der Muslime bedeutet übersetzt: „Der Ort, wo man sich ...".
3. Die Moschee erkennt man an dem schlanken Turm, dem ...
4. Der ... ruft die Muslime zum Gebet.
5. Welcher Tag ist besonders wichtig für die Muslime?
6. Der ... ist der wichtigste Raum in der Moschee.
7. Gebetet wird in der Moschee auf sogenannten ...
8. Durch was sind Frauen und Männer beim Beten getrennt?
9. Was bedeutet „Mihrab"?
10. Von wo spricht der Imam die Freitagspredigt?
11. Die Wände sind meist mit kunstvollen arabischen ... verziert.
12. Vor dem Betreten der Moschee ziehen Muslime die ... aus.
13. Einige Männer verwenden eine ... um beim Beten ihr Haar zu verdecken.

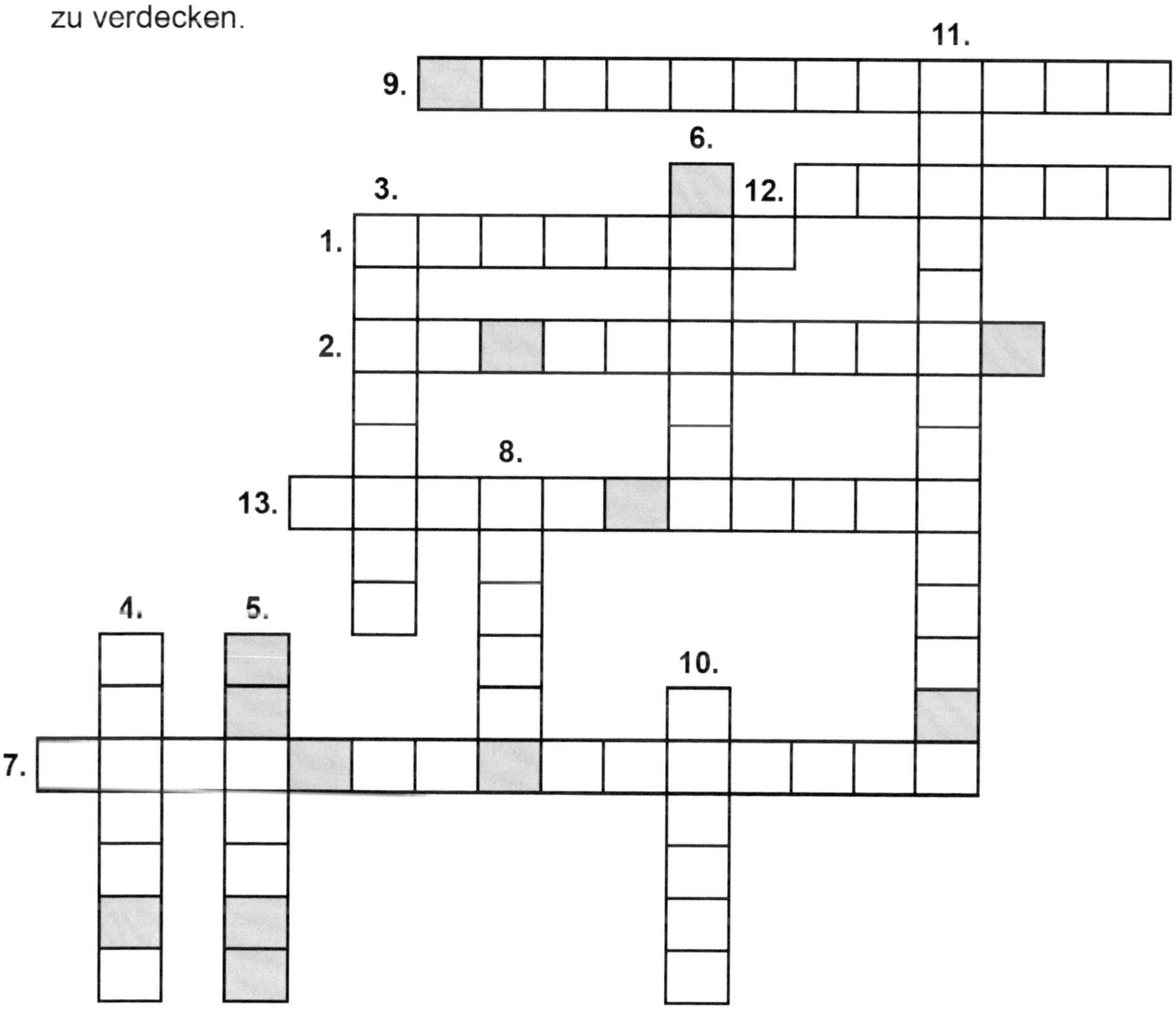

11. 9. 6. 12. 3. 1. 2. 8. 13. 4. 5. 10. 7.

Lösungswort: ______________________________

KOHL VERLAG Lernwerkstatt DEN ISLAM KENNENLERNEN – Bestell-Nr. 11 258

III. Bräuche, Riten und Symbole

Aufgabe 3: *Vergleicht die beiden Gebetshäuser der Muslime und der Christen. Nennt Unterschiede, aber auch Gemeinsamkeiten. Übertragt die Tabelle in euer Heft.*

Gemeinsamkeiten	Unterschiede

Aufgabe 4: *Stellt euch vor, die Moschee in eurer Nähe veranstaltet einen Tag der offenen Tür. Da die Christen aber die Regeln in der Moschee nicht kennen, brauchen sie Hinweise. Gestaltet ein Regelblatt mit den wichtigsten Regeln, auf die man in einer Moschee achten sollte.*

- Regeln der Moschee -

III. Bräuche, Riten und Symbole

PA

Aufgabe 5: *Beschriftet die Skizze des Aufbaus einer Moschee mit den richtigen Begriffen.*

Pultkanzel – Podium – Minarett – Minbar – Mihrab

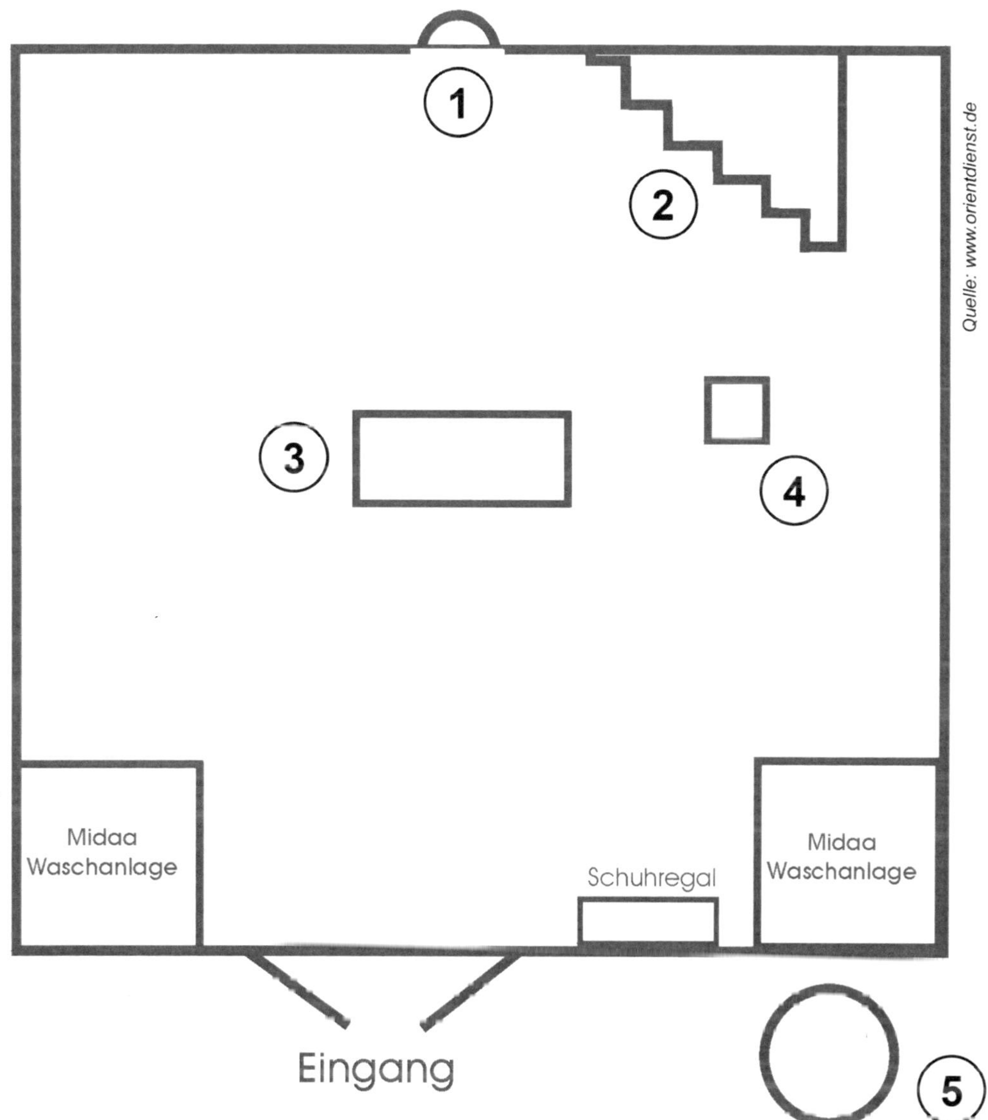

1 = ______________________

2 = ______________________

3 = ______________________

4 = ______________________

5 = ______________________

Das Freitagsgebet

Der Freitag ist für die Muslime ein wöchentlicher Feiertag, an dem in der Moschee das Freitagsgebet gesprochen wird. Das Besondere an diesem Gebet ist, dass ein Prediger oder der Imam (Vorbeter) vor dem eigentlichen Gebet eine Predigt hält. Beim anschließenden gemeinsamen Gebet spricht der Imam laut einige Koranverse vor.
Das Freitagsgebet ist für muslimische Männer und Jungen ab der Pubertät verpflichtend. Muslimische Frauen können an diesem Gebet teilnehmen, es ist für sie aber keine Pflicht.

EA

Aufgabe 6: *Gibt es im Christentum bzw. im Judentum auch eine Stelle in der Bibel, in der wir gebeten werden an einem bestimmten Tag Gott zu gedenken, zu beten, den Gottesdienst zu besuchen? Beantworte die folgende Frage in vollständigen Sätzen.*

____

____

____

____

____

____

EA

Aufgabe 7: *Es ist für muslimische Männer und Jungen ab der Pubertät verpflichtend, das Freitagsgebet zu besuchen. Was meinst du dazu? Versetze dich in die Lage des Jungen. Würdest du es akzeptieren, jeden Freitag die Moschee besuchen zu müssen?*

____

____

____

____

____

____

KOHL VERLAG Lernwerkstatt DEN ISLAM KENNENLERNEN – Bestell-Nr. 11 258

Die Scharia, das islamische Gesetz

In den ersten beiden Jahrhunderten nach dem Tod des Propheten Mohammed entwickelten islamische Gelehrte eine Rechts- und Lebensordnung für die Muslime, die als „Scharia“ bezeichnet wird. Die Scharia gründet sich auf den Koran und auf die Worte und Taten Mohammeds. Sie regelt die religiösen Handlungen eines Muslims, zahlreiche Situationen aus dem alltäglichen Leben und die Beziehung zu Mitmenschen. So finden sich in der Scharia beispielsweise Regeln für den Gottesdienst, Speise- und Reinheitsvorschriften. Einige Muslime nehmen die Gesetze der Scharia sehr ernst und nutzen ihre Regeln und Werte als Richtschnur für ihr eigenes Leben.

Speisevorschriften im Islam

Im Islam gibt es bestimmte Speisevorschriften, die im Koran zu finden sind. So verbietet der Koran den Muslimen, Schweinefleisch zu essen. Das Schwein gilt als ein „unreines“ Tier, da es ein Allesfresser ist und sich gerne im Schmutz suhlt.
Außerdem müssen Tiere, die gegessen werden, auf eine besondere Weise geschlachtet werden. Beim sogenannten „Schächten“ wird der Hals des Tieres mit einem scharfen Messen so schnell wie möglich durchtrennt, damit das Tier nicht lange leiden muss.
Darüber hinaus verbietet der Koran den Muslimen das Trinken von Alkohol und das Einnehmen von Rauschmitteln, da diese die Gesundheit gefährden oder sogar zerstören.

Kleidungsvorschriften im Islam

Muslimin mit Kopftuch

Der Islam schreibt Männern und Frauen keine bestimmte Kleidung vor. Die Kleidung eines Muslims sollte jedoch einfach und sauber sein. Männer sollten auf Kleidung aus Seide und kostbaren Schmuck verzichten.
Für Frauen ist das Tragen durchscheinender und figurbetonter Kleidung nicht erlaubt.
Zudem sollten sie mit einem Kopftuch oder einem Schleier ihre Haare bzw. ihr Gesicht bedecken.
Dies soll dazu dienen, dass die Frauen vor gierigen Blicken der Männer geschützt werden und ihre Würde bewahren. In einigen sehr traditionell geprägten Ländern tragen die Frauen einen Tschador. Dies ist ein großes, meist dunkles Tuch in Form eines Halbkreises, das als Umhang um Kopf und Körper gewunden wird und lediglich das Gesicht oder Teile des Gesichtes frei lässt. Er wird in der Öffentlichkeit über der übrigen Kleidung getragen.
Über die Verschleierung der muslimischen Frau und das Tragen eines Kopftuches gibt es in der Öffentlichkeit immer wieder Diskussionen.

III. Bräuche, Riten und Symbole

EA

Aufgabe 8: *Kreuze die richtigen Aussagen an.*

a) ☐ *Nach dem Tod des Propheten Mohammed entwickelten islamische Gelehrte eine Rechts- und Lebensordnung.*

b) ☐ *Der Koran besagt, dass Schweine als „reine" Tiere gelten.*

c) ☐ *Der Genuss von Alkohol ist im Islam untersagt.*

d) ☐ *Der Islam schreibt den Muslimen keine konkreten Kleidungsvorschriften vor, jedoch gibt er Empfehlungen.*

e) ☐ *Die Frauen sollen möglichst ihr Haar bedecken und figurbetonende, gar durchscheinende Kleidung vermeiden.*

f) ☐ *In manchen Ländern halten Frauen diese Vorschriften nicht ein.*

g) ☐ *Es gibt viele Diskussionen in der Öffentlichkeit über das Tragen von Kopftüchern.*

PA

Aufgabe 9: *Fallen dir andere Weltreligionen ein, in denen es Speisevorschriften gibt? Diskutiere mit deinem Nachbarn und haltet eure Ergebnisse schriftlich fest.*

KOHL VERLAG Lernwerkstatt DEN ISLAM KENNENLERNEN – Bestell-Nr. 11 258

III. Bräuche, Riten und Symbole

EA

Aufgabe 10: *Suche dir ein Thema aus und schreibe deinen Standpunkt dazu auf. Recherchiere im Internet wenn nötig nach weiteren Informationen. Versuche dich dabei auch in die Rolle der Muslime hineinzuversetzen und zu verstehen, warum sie diesen Vorschriften folgen.*

a) ***Speisevorschriften im Islam***

b) ***Kleidungsvorschriften im Islam***

III. Bräuche, Riten und Symbole

Der islamische Kalender

Der islamische Kalender ist ein ganz besonderer, denn er richtet sich nach dem Mond. Diesen Kalender nennt man im arabischen auch „Kalender der Auswanderung“. Dieser Kalender heißt so, weil er sich nach der Auswanderung des Propheten Mohammeds im Jahre 622 n. Chr. richtet. Er besteht aus insgesamt zwölf Monaten. Seine Besonderheit besteht darin, dass er, je nach Mondphase 10 oder 11 Tage kürzer als der gregorianische Sonnenkalender ist. Trotzdem kann man durch eine Näherungsformel (siehe unten) das muslimische oder christliche Jahr ermitteln. Man findet sogar im Koran Hinweise auf den Aufbau des muslimischen Kalenders. Hier ein Zitat: „Wahrlich, die Zahl der Monate bei Allah beträgt zwölf Monate im Buche Allahs seit dem Tage, da Er den Himmel und die Erde erschuf. Von diesen Monaten sind vier heilig. Das ist die beständige Religion. ...“ (9:36).

Näherungsformel zur Umrechnung islamischer Jahreszahlen in Zeitrechnung n. Chr.

$$C \approx \frac{32\,H}{33} + 622$$

$$H \approx \frac{33\,(C - 622)}{32}$$

EA

Aufgabe 11: *Dein Freund Ali-Reza erzählt dir, dass er nach christlicher Zeitrechnung 1999 geboren ist. Du fragst dich, wann das wohl nach islamischer Zeitrechnung gewesen sein soll.*

Berechne mithilfe der Näherungsformel die gesuchte Jahreszahl.
Benutze zur Hilfe einen Taschenrechner.

PA

Aufgabe 12: *Im islamischen Kalender zählen einige Monate als besonders heilig. Das sind der*

***Muharram**, der **Ramadan** und der **Dhu-l-Hiddscha**.*

Erkundigt euch im Internet, welchen Rang diese Monate im islamischen Kalender haben und erklärt, warum diese so bedeutend sind.

Schreibt in euer Heft.

III. Bräuche, Riten und Symbole

Symbole im Islam

Die Urgemeinschaft der Muslime verfügte über kein konkretes Symbol, das sie mit ihrer Religion verbinden. Zu Zeiten des Propheten Mohammed trugen Anhänger des Islams einfarbige Flaggen mit sich, die meist entweder weiß, grün oder schwarz waren. Ebenfalls noch zu dieser Zeit, als der heilige Prophet noch in Mekka lebte, wurde ihm von Gott offenbart, dass „die Stunde [naherücken wird], und [...] der Mond [gespalten sein wird]." (Qur'an [54:2]).
Dieses Zitat aus dem Koran begründet unter anderem die Wahl des Symbols der Mondsichel als zentrales Symbol im Islam. Das Symbol der Mondsichel, genauer gesagt des Neumonds, gab es bereits vor dem Islam und es wurde erst später zur Zeit der Osmanen als Symbol für den Islam übernommen.
Ebenso spielt der islamische Kalender, welcher sich nach dem Mond richtet, eine beudeutende Rolle in der Symbolik des Islams. Beispielsweise fängt der Fastenmonat Ramadan erst dann an, wenn die Sichel des Neumondes entdeckt wurde. Der fünfzackige Stern neben dem Mond taucht im Islam zwar auch, beispielsweise als Titel der 53 Sure im Koran, auf, spielt aber keine wich tige Rolle als Symbol des Islams.
Ein weiteres zentrales Symbol im Islam ist das Wort „Allah" auf Arabisch in künstlerischer Form dargestellt. Muslime dürfen sich ebenso wie Christen, laut des heiligen Buches kein Bildnis von Gott machen. Deshalb malen viele Muslime den Namen des Herrn (kann auch einer der 99 Namen sein) auf eine kleine Leinwand und hängen bzw. stellen es eingerahmt an einen „Ehrenplatz" im Haus.
Ein Merkmal, aber kein zentrales, religiöses Symbol, ist das Kopftuch der streng gläubigen muslimischen Frauen. Der Koran besagt muslimischen Frauen, ihr Haupt mit einem Tuch zu bedecken.

EA

Aufgabe 13: *Finde ein weiteres wichtiges Symbol des Islams und schreibe einen kleinen Informationstext über seinen Ursprung und seine Entstehung.*

____

____

____

____

____

____

IV. Abschlusstest

EA

Mit diesem Abschlusstest kannst du prüfen, wie gut du dir das erlernte Wissen zum Islam eingeprägt hast. Löse die folgenden Aufgaben in vollständigen Sätzen.

1) *Wie bezeichnen sich die Anhänger des Islams?*

____

____

2) *An wen oder was glauben die Muslime?*

____

____

3) *Auf wen oder was gründet sich der Islam?*

____

____

4) *Durch wen erhielt der Prophet Mohammed die Offenbarung Allahs?*

____

____

5) *Was bedeutet der Ausruf: „Allahu akbar!“?*

____

____

6) *Nenne drei Namen aus der Liste der „schönsten Namen Allahs“.*

____

____

IV. Abschlusstest

7) *Wie werden die Kapitel des Korans genannt?*

____

____

8) *In welcher Form ist der Koran verfasst?*

____

____

9) *Nenne drei der fünf Säulen des Islam.*

____

____

10) *Warum ist der Freitag im Islam so wichtig?*

____

____

____

11) *Wie nennt man das Gebetshaus der Muslime?*

____

____

12) *Das Wort „Moschee" heißt übersetzt ...?*

____

____

Lösungen

Allgemeine Informationen

Aufgabe 1: individuelle Lösung

Aufgabe 2:

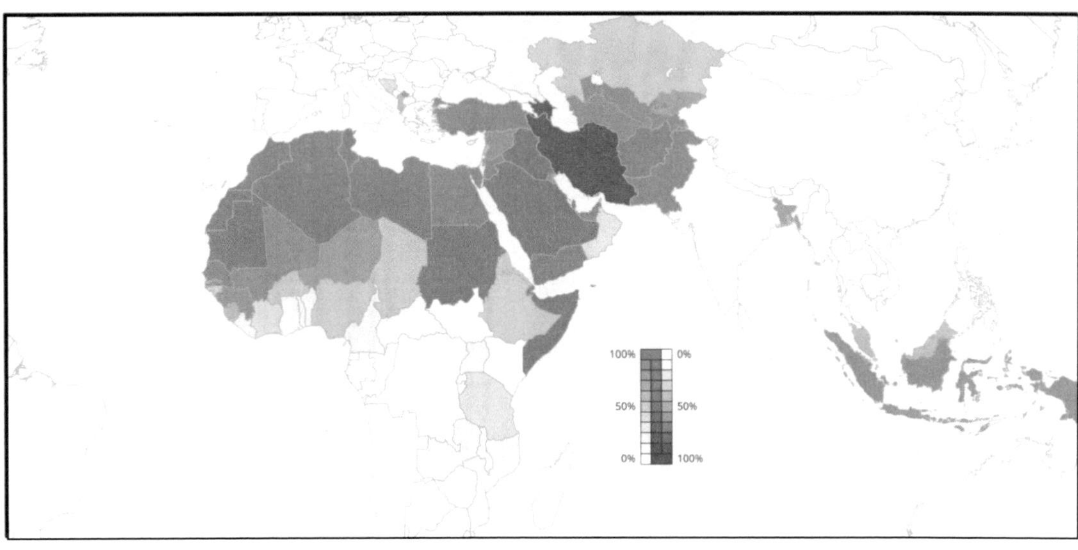

Beispiele:

Land	Kontinent
- Afghanistan	Asien
- Gambia	Afrika
- Guinea	Afrika
- Irak	Asien
- Kosovo	Europa
- Nigeria	Afrika
- Türkei	Europa

Aufgabe 3: 1. – b).; 2. – a); 3. – c); 4. – a)

Aufgabe 4:

a) Muslime glauben an den Schöpfer „Allah“ und den Propheten „Mohammed“.

b) Das Wort „Allah“ heißt wörtlich übersetzt „Gott“.

c) Der Islam gründet sich auf den Propheten Mohammed, der vom Engel Gabriel die Offenbarungen Allahs überliefert bekommen haben soll.

Aufgabe 5: „Allahu akbar!“ ist Arabisch und bedeutet „Gott ist größer.“ Der Ausruf soll die Macht Allahs verstärkt, beispielsweise am Anfang eines Gebets, ausdrücken.

Lösungen

I. Geschichte – Hintergründe – Glauben

Aufgabe 1:

	Islam	Christentum
Gemeinsamkeiten	– monotheistische Religion – Glaube an Gott – Konfessionen (Untergruppen) – (Prophet) Jesus – Glaubensbekenntnis	
Unterschiede	– strenge Essens- und Kleidungsvorschriften – Weitergabe des Glaubens an die Kinder – Fundamentalisten – strenges „Unterwerfen“ unter dem Willen Allahs	– keine strengen Vorschriften – freiwillige Bekenntnisse und Ausübung des Glaubens

Aufgabe 2: Der **Kalif** ist der Nachfolger von Mohammed.
Der **Imam** war der Enkel von Mohammed und wird von den Schiiten als Nachfolger gesehen.

Aufgabe 3: Gott ist größer drückt aus, dass Gott größer als man selbst ist. Damit wird sogar durch die Wortwahl gezeigt, dass Gott in seiner Position die einzige und ewige unangefochtene Größe bleibt und ist.

Aufgabe 4: Die Gebetskette ist aus insgesamt 99 Perlen aufgebaut. Nach jedem Aussprechen eines Namens von Allah bewegt man den Finger von einem Stein zum nächsten. Es soll das Ausrufen der 99 Namen Allahs erleichtern.

Aufgabe 5: individuelle Lösung

Aufgabe 6: Begriffe der Reihe nach:
Abul Kasim Mohammed; 570 n.; Mekka; Onkel; Chadidscha; gläubig; betete; Hira; Gabriel

Aufgabe 7: Individuelle Lösung in Anlehnung an den Infotext.

Aufgabe 8: Mögliche Lösung:
Viele radikale Islamisten kämpfen noch heute mit Waffengewalt um die Verbreitung ihrer Religion. Die meisten Kämpfe und Kriege im Nahen Osten basieren ihrer Meinung nach auf religiöser Grundlage.

Aufgabe 9: Die Kalifenherrschaft endete erst im 17. Jahrhundert. 1924 wurde auch das Kalifat durch den Sturz Attatürks abgeschafft.

Aufgabe 10: Abu Bakar (Wegbereiter Mohammeds, Nachfolge Mohammeds nach dessen Tod), individuelle Lösungen

Aufgabe 11: 1. Allahs, 2. Gabriel, 3. Abu Bakar, 4. Suren, 5. Fatiha, 6. Versen, 7. Koranschule, 8. Arabisch
Lösungswort: **KORAN**

Aufgabe 12:

Säule	Hinduismus	Buddhismus	Christentum	Judentum
Glaubensbekenntnis			X	X
Gebet	X	X	X	X
Fasten		X	X	X
Armensteuer	X	X	X*	
Pilgerfahrt	X	X	X	X

**Kirchensteuer wird auch für Bedürftige verwendet*

Aufgabe 13: In Sure 4, Vers 136, werden die Fünf Säulen des Islam ausdrücklich erwähnt.

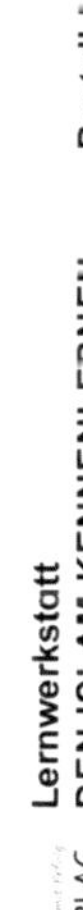

Lösungen

I. Geschichte – Hintergründe – Glauben

Aufgabe 14: **Die fünf Säulen des Islam**

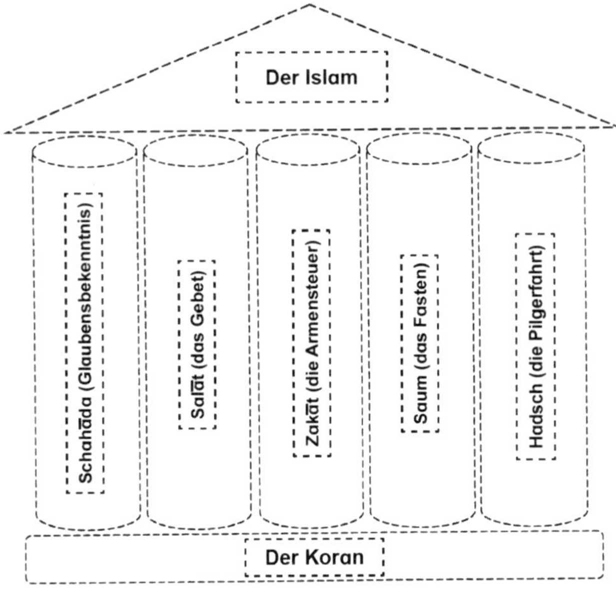

Aufgabe 15: Individuelle Lösungen, zum Beispiel: Der Unterschied zum christlichen Glaubensbekenntnis liegt zum einen in der Länge und zum anderen in der Aussage selbst. In dem christlichen Glaubensbekenntnis wird beispielsweise auch an die Institution „die heilige christliche Kirche ..." geglaubt usw..

Aufgabe 16: Das Glaubensbekenntnis stellt mit den arabischen Worten einen Betenden dar, was zusätzlich die enorme Wichtigkeit des täglichen Betens betont.

Aufgabe 17: Individuelle Lösungen, zum Beispiel:
- in Richtung Mekka beten
- an einem sauberen Ort beten
- fünf Pflichtgebete am Tag
- am Freitag Gemeinschaftsgebet

Aufgabe 18: individuelle Lösungen

Aufgabe 19: Mögliche Lösungen:

Gemeinsamkeiten	Unterschiede
Fasten als Gebot, Pflicht	– Gottesfurcht – strenge Regelung – Gütigkeit bei Matthäus

Aufgabe 20: individuelle Lösungen

II. Feste des Islam

Aufgabe 1:

Ramadan	Zuckerfest	Opferfest
– Fastenmonat – alte und kranke Menschen vom Fasten befreit	– Süßigkeiten – neue und schöne Kleidung – gemeinsames Frühstück	– höchstes islamisches Fest – Opfer

Aufgabe 2: individuelle Lösungen (Infos siehe Infotexte)

Aufgabe 3: Falsche Aussagen: d, e, g, j, n; Lösungssatz: **Der Ramadan ist ein großes Fastenfest.**
Richtige Aussagen: a, b, c, f, h, i, k, l, m, o, p

Lösungen

II. Feste des Islam

Aufgabe 4: Die Braut befindet sich nicht direkt im Raum (siehe Infotext).

Aufgabe 5: **a)** Glück, **b)** linke Ohr, **c)** Woche, **d)** Beschneidung, **e)** verloben, **f)** Nachbarn, **g)** Waschung
Lösungswort: **ALLAH**

Aufgabe 6: Das ist die Richtung zu Mekka.

III. Bräuche, Riten und Symbole

Aufgabe 1: Der **Muezzin** ist der Gebetsrufer, der vom Minarett aus die Gläubigen zum Gebet ruft.
Die **Gebetsnische** zeigt den Muslimen die Gebetsrichtung (Richtung Mekka) an, in die sie beten sollen.
Vergleichbar mit der christlichen Kanzel ist die islamische **Minbar**, von der aus der Imam predigt.

Aufgabe 2: 1. Moschee, 2. niederwirft, 3. Minarett, 4. Muezzin, 5. Freitag, 6. Betraum, 7. Gebetsteppichen, 8. Empore, 9. Gebetsnische, 10. Minbar, 11. Schriftzeichen, 12. Schuhe, 13. Gebetsmütze
Lösung: **Freitagsgebet**

Aufgabe 3:

Gemeinsamkeiten	Unterschiede
– hohe Türme – große Gebäude – Kanzel – Altar/Kursi als Ablage für Bibel/Koran	– Waschraum – Gebetsnische – Kleidungsvorschriften – Gebetsrufe – runde Dächer – Schuhschrank – Minarett

Aufgabe 4: Individuelle Lösung in Anlehnung an den Infotext.

Aufgabe 5:
1 = Mihrab/Gebetsnische
2 = Minbar/Kanzel
3 = Dikka/Podium
4 = Kursi/Pult-Kanzel
5 = Minarett

Aufgabe 6: Schöpfungsbericht im AT/Deuteronomium: Am siebten Tag sollen wir ruhen und der Schöpfung Gottes gedenken.

Aufgabe 7: individuelle Lösung

Aufgabe 8: Richtige Aussagen: a), c), d), e), f), g)

Aufgabe 9: Beispiele:
Judentum: koscheres Essen, kein Schweinefleisch; Buddhismus: keine berauschenden Stoffe, Mönche kein Fleisch; Hinduismus: kein Rindfleisch

Aufgabe 10: individuelle Lösung

Aufgabe 11: H = [33 • (1999 - 622(] : 32 = [33 • 1377] : 32 = 45441 : 32 = **1420**
Ali Reza wurde nach islamischer Zeitrechnung im Jahr 1420 geboren.

Aufgabe 12: **Muharram** ist der Name des 1. Monats im islamischen Kalender. Der Monat gilt als Trauermonat, in Gedenken des Todes des Imams Al-Husain. In diesem Monat ist unter anderem jegliche Form der Auseinandersetzung untersagt und jeder zum Frieden aufgerufen.

Der Monat **Ramadan** ist der 9. Monat im islamischen Kalender. In diesem Monat fasten fast alle Muslime.

Dhul-l-Hidscha ist der Name des 12. Monats im islamischen Kalender und bedeutet „Monat der Pilgerfahrt", da in diesem Monat die islamische Pilgerfahrt stattfindet.

KOHL VERLAG Lernwerkstatt DEN ISLAM KENNENLERNEN – Bestell-Nr. 11 258

Lösungen

III. Bräuche, Riten und Symbole

Aufgabe 13: individuelle Lösungen

IV. Abschlusstest

1) Sie bezeichnen sich als Muslime.
2) Muslime glauben an Allah, den einzigen Gott.
3) Der Islam geht vom Propheten Mohammed aus.
4) Mohammed erhielt die Offenbarung Allahs durch den Erzengel Gabriel.
5) Der Ausruf bedeutet: „Allah ist größer!“
6) Drei Säulen sind zum Beispiel: Der König, Der Barmherzige, Der Erbarmer.
7) Die Kapitel des Korans werden Suren genannt.
8) Der Koran wurde in Versen verfasst.
9) Das Fasten, die Armensteuer, die Pilgerfahrt, das Gebet und das Bekenntnis sind die Fünf Säulen des Islam.
10) Am Freitag findet das muslimische Freitagsgebet in den Moscheen für Männer statt.
11) Das muslimische Gebetshaus wird „Moschee“ genannt.
12) Das Wort „Moschee“ heißt übersetzt „Der Ort, an dem man sich niederwirft“.

Bildnachweis: © AdobeStock.com

S. 2: AfricaStudio; S. 3-48: Kiss; Symbole für Sozialformen: ronnarid; S. 7: Andreas Haertle; S. 8: Jan Schuler; S. 11: Victoriya; S. 19: .shock, Rawpixel.com; S. 20: Carly Trout; S. 24: eyewave; S. 26: Photozi, Glamy, serdarerenlere; S. 27: LIGHTFIELD STUDIOS, Sumon; S. 28: Africa Studio; S. 29: Lilia Ulizko; S. 30: efesenko; S. 31: MUNMUN; S. 32: fotografiedk; S. 34: Tom Bayer; S. 37: Lidiia Koval, Rido; S. 38: Tamer; S. 39: ABU, Rido; S. 40: Simple Solutions; S. 42: Sumon;

Bildquellen © wikipedia.com

S. 10: Frank C. Müller (Tespih); S. 12: Hosemann (Mohammeds Berufung); S. 14: gemeinfrei (Abu Bakar As-Sidiq; S. 15: gemeinfrei (Koran); S. 16/31: Arild Vågen (Hagia Sophia); S. 18: gemeinfrei (Ahahadah); S. 22: Ali Mansuri (Mekka); S. 28: Briain (Beschneidungsfeier); S. 30: Antonio Melina Agência Brasil (Moschee); S. 32: Mbenoist (Mihrab-minbar); S. 34: Dersaadet (Sultan Ahmed Moschee); S. 44 NordNordWest (Islamweltkarte)

Bildquellen © clipart.com (alle restliche Illustrationen)